EXPLORA LAS POSIBILIDADES DE WINDOWS 11

HÉCTOR TORRES GÓMEZ
PROFESOR Y TÉCNICO EN CIENCIAS INFORMÁTICAS

© 2024 "Explora Las Posibilidades De Windows 11"
Por Héctor Torres Gómez.
Revisión, corrección y edición: Milco Baute
Creado por: Baute Production Publisher
Teléfono: (813) 693-8879
Email: authors@usa.com
Tampa, Florida, USA. Desde 2016.
Diseños: Héctor Torres Gómez

CONTENIDO:

¿Cuáles son las principales diferencias entre Windows 11 y versiones anteriores como Windows 10?..11

¿Cómo puedo personalizar la apariencia de Windows 11?..................13

¿Cuáles son los requisitos mínimos de hardware para instalar Windows 11?..15

¿Cómo puedo actualizar mi sistema operativo a Windows 11 de forma segura?..17

¿Qué nuevas funciones y características ofrece Windows 11 en comparación con versiones anteriores?...19

¿Cómo puedo optimizar el rendimiento de Windows 11 en mi dispositivo?..21

¿Qué medidas de seguridad adicionales ofrece Windows 11 para proteger mi información personal?..23

¿Cómo puedo acceder y utilizar la Microsoft Store en Windows 11?.25

¿Cuáles son las diferencias entre el menú de inicio de Windows 11 y el de versiones anteriores?...27

¿Cómo puedo configurar y personalizar las notificaciones en Windows 11?...29

¿Qué opciones de accesibilidad ofrece Windows 11 para usuarios con discapacidades?..31

¿Cómo puedo administrar y organizar mis archivos y carpetas en Windows 11?...35

¿Qué aplicaciones nativas vienen preinstaladas en Windows 11 y cómo puedo utilizarlas?..37

¿Cómo puedo sincronizar mi dispositivo móvil con Windows 11 para acceder a mis archivos y datos desde cualquier lugar?......................39

¿Cuál es la mejor forma de realizar copias de seguridad de mis datos en Windows 11? 41

¿Cómo puedo solucionar problemas comunes de compatibilidad de programas en Windows 11? 43

¿Qué opciones de conectividad y redes ofrece Windows 11 y cómo puedo configurarlas correctamente? 47

¿Cómo puedo proteger mi privacidad en Windows 11 y evitar la recopilación de datos no deseados? 49

¿Cuáles son las opciones de soporte técnico disponibles para los usuarios de Windows 11 en caso de problemas o dudas? 51

¿Cuál es la política de actualizaciones de Windows 11 y cómo puedo gestionarlas de manera eficiente? 53

¿Cómo puedo personalizar y organizar la barra de tareas en Windows 11 para acceder rápidamente a mis aplicaciones favoritas? 55

¿Cuáles son las opciones de virtualización disponibles en Windows 11 y cómo puedo utilizarlas para ejecutar programas o sistemas operativos adicionales? 57

¿Cómo puedo habilitar y configurar el modo oscuro en Windows 11 para reducir la fatiga visual y mejorar la experiencia de uso en entornos con poca luz? 59

¿Qué herramientas de productividad ofrece Windows 11, como el escritorio virtual, la función de Snap Layouts y Snap Groups, y cómo puedo aprovechar al máximo estas funciones? 61

¿Cómo puedo utilizar la función de escritura a mano en Windows 11 para tomar notas, dibujar o realizar anotaciones en documentos de forma más intuitiva? 63

¿Cuál es la mejor forma de gestionar las actualizaciones de controladores en Windows 11 para garantizar un rendimiento óptimo y la compatibilidad con hardware y software externo? 65

¿Cómo puedo configurar y utilizar la función de dictado por voz en Windows 11 para escribir textos o comandos de forma más rápida y precisa? 67

¿Qué opciones de personalización avanzada ofrece Windows 11?...... 69

¿Cómo puedo utilizar la función de búsqueda integrada en Windows 11 para encontrar rápidamente archivos, aplicaciones, configuraciones y contenido en línea desde un solo lugar?.. 71

¿Cuáles son las mejores prácticas de mantenimiento y optimización del sistema en Windows 11, como la limpieza de archivos temporales, la desfragmentación del disco duro y la gestión de la memoria virtual? . 73

¿Cuál es la mejor forma de gestionar y organizar mis archivos y carpetas en Windows 11 utilizando funciones como la biblioteca de archivos, la búsqueda avanzada y la sincronización con servicios en la nube? 75

¿Cómo puedo utilizar la función de accesibilidad en Windows 11 para personalizar la experiencia de uso según mis necesidades, como activar el narrador, el teclado en pantalla o el aumento del contraste? 77

¿Qué medidas de seguridad puedo implementar en Windows 11 para proteger mi sistema contra malware, virus y otras amenazas cibernéticas, como la instalación de un antivirus, la activación del firewall y la configuración de actualizaciones automáticas? 79

¿Cómo puedo optimizar el rendimiento de mi sistema en Windows 11 mediante la gestión de programas de inicio, la desactivación de efectos visuales innecesarios y la monitorización del uso de recursos del sistema?.. 81

¿Cómo puedo utilizar las herramientas integradas en Windows 11, como el Editor del Registro, el Administrador de tareas y el Panel de control, para realizar ajustes avanzados en el sistema y solucionar comunes? . 87

¿Cuál es la forma más segura de realizar copias de seguridad y restaurar mis datos en Windows 11, como la configuración de copias de seguridad automáticas en la nube o en unidades externas? 89

¿Cómo puedo personalizar y optimizar el rendimiento de mi escritorio en Windows 11 mediante la configuración de fondos de pantalla dinámicos, widgets personalizados y organización de iconos?............91

¿Cuáles son las opciones de soporte técnico disponibles en Windows 11, como la consulta de la base de conocimientos en línea, el uso del Centro de comentarios y la comunicación con el servicio de atención al cliente de Microsoft? 93

Diferencias entre Windows 11 Home vs Pro 95

Descubre algunos secretos: Trucos y Funciones Imprescindibles 97

PROLOGO

En el libro "Explora las Posibilidades de Windows 11", el autor Héctor Torres Gómez, Técnico y Profesor en Ciencias informáticas, nos guía a través de los diferentes aspectos y funcionalidades de la última versión del sistema operativo de Microsoft.

Desde las principales diferencias con versiones anteriores como Windows 10, hasta cómo personalizar la apariencia, optimizar el rendimiento y proteger nuestra información personal, este libro ofrece una guía para sacar provecho de Windows 11.

Con capítulos dedicados a temas como los requisitos mínimos de hardware, la actualización segura del sistema operativo, las nuevas funciones y características, la seguridad adicional ofrecida por Windows 11, entre otros; los lectores encontrarán respuestas a sus preguntas y soluciones a sus problemas más comunes.

Además, se abordan temas como la configuración de notificaciones, opciones de accesibilidad para usuarios con discapacidades, administración de archivos y carpetas, sincronización con dispositivos móviles, copias de seguridad de datos, solución de problemas de compatibilidad de programas y mucho más.

Con un enfoque práctico y fácil de seguir, "Explora las Posibilidades de Windows 11" es una herramienta indispensable para aquellos que desean dominar este sistema operativo y aprovechar al máximo todas sus funcionalidades. ¡Descubre todo lo que Windows 11 tiene para ofrecerte!

Milco Baute

INTRODUCCIÓN

"¡Bienvenido al apasionante y completo curso diseñado exclusivamente para usuarios avanzados de Windows 11! En este fascinante recorrido, te invito a sumergirte en un universo de posibilidades ilimitadas que ofrece el innovador sistema operativo de Microsoft. Prepárate para explorar a fondo las funciones más avanzadas, descubrir los secretos mejor guardados y dominar las funciones que te convertirán en un experto en Windows 11.

A lo largo de este curso, te guiaré paso a paso para que puedas sacar el máximo provecho de todas las herramientas y características que Windows 11 tiene para ofrecer. Desde la personalización avanzada hasta la optimización del rendimiento, pasando por la seguridad y la productividad, juntos desbloquearemos todo el potencial de este sistema operativo de última generación.

Prepárate para embarcarte en un emocionante viaje de aprendizaje y descubrimiento, donde cada lección te acercará un paso más hacia la maestría en Windows 11. ¡No pierdas esta oportunidad única de elevar tus habilidades informáticas al siguiente nivel y sumérgete en la experiencia definitiva que solo Windows 11 puede brindarte! ¡Vamos juntos a explorar las maravillas tecnológicas que nos aguardan en este apasionante viaje!"

¿Cuáles son las principales diferencias entre Windows 11 y versiones anteriores como Windows 10?

1. Diseño renovado: Windows 11 presenta un diseño más moderno y minimalista en comparación con Windows 10.

2. Centro de actividades rediseñado: El centro de actividades en Windows 11 ha sido rediseñado para ofrecer una experiencia más intuitiva y personalizable.

3. Menú de inicio centrado: En Windows 11, el menú de inicio se encuentra centrado en la pantalla en lugar de estar en la esquina inferior izquierda como en versiones anteriores.

4. Integración con Microsoft Teams: Windows 11 integra Microsoft Teams directamente en la barra de tareas, facilitando la comunicación y colaboración entre usuarios.

5. Mejoras en la multitarea: Se han introducido nuevas funciones para mejorar la multitarea, como Snap Layouts y Snap Groups, que permiten organizar las ventanas abiertas de manera más eficiente.

6. Soporte nativo para aplicaciones de Android: Windows 11 permite ejecutar aplicaciones de Android directamente en el sistema operativo a través de la Microsoft Store.

7. Mejoras en el rendimiento y optimización del sistema: Windows 11 ha sido optimizado para ofrecer un rendimiento más rápido y eficiente en comparación con versiones anteriores.

8. Nuevas opciones de personalización: Se han añadido nuevas opciones de personalización, como temas dinámicos y fondos animados, para personalizar la apariencia del sistema operativo.

9. Mejoras en la seguridad: Windows 11 incluye mejoras en la seguridad, como protección contra ransomware integrada y

mejoras en Windows Hello para una autenticación biométrica más segura.

10. Integración con Xbox Game Pass: Los usuarios de Windows 11 pueden acceder fácilmente a juegos a través del servicio Xbox Game Pass directamente desde el sistema operativo.

11. Soporte para hardware más moderno: Windows 11 está diseñado para aprovechar al máximo las capacidades del hardware más moderno, incluyendo procesadores multinúcleo y pantallas táctiles.

12. Mayor compatibilidad con dispositivos híbridos y tabletas: Windows 11 ha sido optimizado para ofrecer una experiencia mejorada en dispositivos híbridos y tabletas, con funciones táctiles mejoradas y un modo tableta dedicado.

¿Cómo puedo personalizar la apariencia de Windows 11?

Para personalizar la apariencia de Windows 11, puedes seguir los siguientes pasos:

1. Cambiar el fondo de pantalla: Haz clic con el botón derecho en el escritorio y selecciona "Personalizar". Desde allí, podrás elegir una imagen de fondo de pantalla o un color sólido.

2. Personalizar la barra de tareas: Puedes cambiar la posición de la barra de tareas (izquierda, centro o derecha), ocultarla automáticamente, cambiar su tamaño y más. Haz clic derecho en la barra de tareas y selecciona "Configuración".

3. Cambiar el tema del sistema: Ve a Configuración > Personalización > Temas y elige un tema preestablecido o crea uno nuevo con tus propios colores y fondos.

4. Personalizar los colores del sistema: En Configuración > Personalización > Colores, puedes elegir un esquema de color predefinido o personalizar los colores de las ventanas, botones y demás elementos del sistema.

5. Instalar temas personalizados: Puedes descargar e instalar temas personalizados desde la Microsoft Store o sitios web especializados para cambiar completamente la apariencia de Windows 11.

6. Cambiar los iconos del sistema: Puedes descargar e instalar paquetes de iconos personalizados para sustituir los iconos predeterminados del sistema.

Recuerda que al personalizar la apariencia de Windows 11, es importante tener en cuenta que algunos cambios pueden afectar el rendimiento del sistema o su estabilidad, por lo que es recomendable hacer modificaciones con precaución.

¿Cuáles son los requisitos mínimos de hardware para instalar Windows 11?

Los requisitos mínimos de hardware para instalar Windows 11 son los siguientes:

- Procesador de al menos 1 GHz con 2 o más núcleos en un procesador compatible de 64 bits.
- Memoria RAM de al menos 4 GB.
- Almacenamiento interno de al menos 64 GB.
- Tarjeta gráfica compatible con DirectX 12 o superior y con un controlador WDDM 2.0.
- Pantalla con resolución de al menos 720p.
- TPM (Trusted Platform Module) versión 2.0.
- UEFI, Secure Boot y compatibilidad con TPM.

Es importante tener en cuenta que estos son los requisitos mínimos, por lo que es recomendable contar con hardware más potente para obtener un mejor rendimiento y experiencia de uso en Windows 11.

¿Cómo puedo actualizar mi sistema operativo a Windows 11 de forma segura?

Para actualizar tu sistema operativo a Windows 11 de forma segura, sigue estos pasos:

1. Comprueba los requisitos del sistema: Antes de realizar la actualización, asegúrate de que tu dispositivo cumple con los requisitos mínimos para Windows 11, como tener un procesador compatible, al menos 4 GB de RAM y 64 GB de almacenamiento.

2. Realiza una copia de seguridad: Antes de comenzar con la actualización, es recomendable hacer una copia de seguridad de tus archivos importantes en caso de que algo salga mal durante el proceso.

3. Actualiza tu sistema operativo actual: Asegúrate de tener instaladas todas las actualizaciones disponibles para tu sistema operativo actual, ya sea Windows 10 o cualquier otra versión anterior.

4. Descarga la herramienta de actualización: Visita el sitio web oficial de Microsoft y descarga la herramienta de actualización a Windows 11. Ejecuta la herramienta y sigue las instrucciones en pantalla para comenzar con el proceso.

5. Sigue las indicaciones: Durante el proceso de actualización, sigue las indicaciones que aparecen en pantalla y asegúrate de no apagar o reiniciar tu dispositivo hasta que la actualización se haya completado por completo.

6. Verifica la instalación: Una vez finalizada la actualización, verifica que Windows 11 se haya instalado correctamente y comprueba

que todos tus archivos y programas sigan funcionando correctamente.

Siguiendo estos pasos podrás actualizar tu sistema operativo a Windows 11 de forma segura y sin problemas.

¿Qué nuevas funciones y características ofrece Windows 11 en comparación con versiones anteriores?

Windows 11 ofrece varias nuevas funciones y características en comparación con versiones anteriores, entre las cuales se destacan:

1. Nuevo diseño: Windows 11 presenta un diseño renovado con esquinas redondeadas, nuevos iconos y una barra de tareas centrada.

2. Mejoras en la productividad: Se han añadido nuevas funciones para mejorar la productividad, como escritorios virtuales mejorados, Snap Layouts y Snap Groups para organizar ventanas de aplicaciones de manera más eficiente.

3. Integración con Microsoft Teams: Windows 11 integra Microsoft Teams directamente en la barra de tareas, lo que facilita la comunicación y colaboración entre usuarios.

4. Mejoras en el rendimiento: Se han realizado mejoras en el rendimiento del sistema operativo, incluyendo tiempos de inicio más rápidos y una mayor eficiencia energética.

5. Soporte para aplicaciones de Android: Windows 11 permite a los usuarios descargar e instalar aplicaciones de Android a través de la Microsoft Store.

6. Mejoras en la experiencia de juego: Se han añadido nuevas funciones para mejorar la experiencia de juego, como Auto HDR, DirectStorage y soporte para juegos de Xbox Game Pass.

7. Nuevas opciones de personalización: Windows 11 ofrece nuevas opciones de personalización, como temas personalizados, fondos dinámicos y widgets integrados en el menú Inicio.

Windows 11 ofrece una serie de nuevas funciones y características que buscan mejorar la experiencia del usuario y hacer que el sistema operativo sea más moderno y fácil de usar.

¿Cómo puedo optimizar el rendimiento de Windows 11 en mi dispositivo?

Para optimizar el rendimiento de Windows 11 en tu dispositivo, te recomendaría seguir los siguientes pasos:

1. Actualiza tu sistema operativo: Asegúrate de tener instaladas todas las actualizaciones de Windows 11 para garantizar un rendimiento óptimo y la corrección de posibles errores.

2. Desinstala programas innecesarios: Elimina cualquier programa o aplicación que no utilices regularmente para liberar espacio en el disco duro y mejorar el rendimiento del sistema.

3. Limpia archivos temporales: Utiliza la herramienta de limpieza de disco para eliminar archivos temporales y liberar espacio en el disco duro.

4. Desfragmenta el disco duro: Realiza regularmente la desfragmentación del disco duro para mejorar la velocidad de acceso a los archivos y programas.

5. Optimiza la configuración del sistema: Ajusta las configuraciones de energía, desactiva efectos visuales innecesarios y limita los programas que se inician automáticamente al encender el dispositivo para mejorar el rendimiento general.

6. Actualiza los controladores del hardware: Asegúrate de tener instalados los controladores más recientes para todos los componentes de hardware de tu dispositivo, como la tarjeta gráfica, el chipset y el audio, para garantizar un funcionamiento óptimo.

Siguiendo estos consejos, deberías poder optimizar el rendimiento de Windows 11 en tu dispositivo y disfrutar de una experiencia más fluida y eficiente.

¿Qué medidas de seguridad adicionales ofrece Windows 11 para proteger mi información personal?

Windows 11 ofrece varias medidas de seguridad adicionales para proteger tu información personal, entre las cuales se incluyen:

1. Windows Hello: Windows 11 incluye la función de Windows Hello, que te permite iniciar sesión de forma segura utilizando reconocimiento facial, huella dactilar o un PIN en lugar de una contraseña tradicional.

2. Protección contra ransomware: Windows 11 cuenta con una función de protección contra ransomware que ayuda a prevenir y detectar ataques de este tipo, protegiendo tus archivos y datos personales.

3. Seguridad del dispositivo: Windows 11 incluye características como Secure Boot, que ayuda a garantizar que solo se ejecuten software y controladores firmados digitalmente en el dispositivo, y Device Guard, que ayuda a prevenir la ejecución de malware en el sistema.

4. Actualizaciones automáticas: Windows 11 ofrece actualizaciones automáticas para garantizar que tu sistema esté siempre actualizado con las últimas correcciones de seguridad y mejoras.

5. Microsoft Defender Antivirus: Windows 11 viene con Microsoft Defender Antivirus integrado, que proporciona protección en tiempo real contra virus, malware y otras amenazas en línea.

En general, Windows 11 está diseñado para ofrecer una mayor seguridad y protección de la información personal del usuario en comparación con versiones anteriores del sistema operativo.

¿Cómo puedo acceder y utilizar la Microsoft Store en Windows 11?

Para acceder y utilizar la Microsoft Store en Windows 11, sigue estos pasos:

1. Haz clic en el botón de inicio en la esquina inferior izquierda de la pantalla o presiona la tecla de Windows en tu teclado.

2. En el menú de inicio, busca y haz clic en el icono de la Microsoft Store.

3. Una vez que se abra la Microsoft Store, puedes navegar por las diferentes categorías de aplicaciones, juegos, películas y programas de TV disponibles.

4. Para descargar una aplicación o juego, simplemente haz clic en el botón "Obtener" o "Comprar" y sigue las instrucciones para completar la descarga e instalación.

5. También puedes buscar aplicaciones específicas utilizando la barra de búsqueda en la parte superior derecha de la ventana.

6. Para acceder a tus aplicaciones descargadas, haz clic en tu perfil en la esquina superior derecha y selecciona "Mis bibliotecas". Aquí encontrarás una lista de todas las aplicaciones que has descargado desde la Microsoft Store.

¡Listo! Ahora puedes acceder y utilizar la Microsoft Store en Windows 11 para descargar todas las aplicaciones y juegos que necesites.

¿Cuáles son las diferencias entre el menú de inicio de Windows 11 y el de versiones anteriores?

El menú de inicio de Windows 11 presenta algunas diferencias significativas con respecto a las versiones anteriores, como Windows 10. Algunas de las diferencias más destacadas son:

1. Diseño: El menú de inicio de Windows 11 tiene un diseño más limpio y minimalista en comparación con versiones anteriores. Presenta esquinas redondeadas, iconos más grandes y una disposición más ordenada de los elementos.

2. Centro de actividades: En Windows 11, el centro de actividades se ha integrado en el menú de inicio, lo que permite acceder rápidamente a notificaciones, ajustes rápidos y widgets desde un solo lugar.

3. Personalización: El menú de inicio de Windows 11 ofrece mayor flexibilidad en cuanto a la personalización, permitiendo al usuario cambiar el tamaño y la disposición de los iconos, así como añadir o quitar elementos según sus preferencias.

4. Búsqueda integrada: En Windows 11, la barra de búsqueda se ha integrado directamente en el menú de inicio, lo que facilita encontrar aplicaciones, archivos o configuraciones sin tener que abrir una ventana aparte.

5. Recomendaciones dinámicas: El menú de inicio de Windows 11 incluye recomendaciones dinámicas basadas en el uso del usuario, mostrando aplicaciones recientes o sugerencias personalizadas para mejorar la experiencia del usuario.

El menú de inicio de Windows 11 ha sido rediseñado para ofrecer una experiencia más moderna y personalizada, con nuevas funciones integradas que facilitan la navegación y la búsqueda de contenido en el sistema operativo.

¿Cómo puedo configurar y personalizar las notificaciones en Windows 11?

Para configurar y personalizar las notificaciones en Windows 11, sigue estos pasos:

1. Haz clic en el icono de la campana en la barra de tareas para abrir el Centro de actividades.

2. En el Centro de actividades, haz clic en "Configuración rápida" en la parte inferior derecha.

3. Se abrirá una ventana con diferentes opciones de configuración para las notificaciones. Aquí puedes activar o desactivar las notificaciones, cambiar la duración en pantalla, elegir qué aplicaciones pueden mostrarte notificaciones, entre otras opciones.

4. Para personalizar las notificaciones de una aplicación específica, ve a Configuración > Sistema > Notificaciones y acciones.

5. Aquí encontrarás una lista de aplicaciones que pueden mostrar notificaciones. Puedes hacer clic en cada una para personalizar cómo se muestran las notificaciones de esa aplicación, como el sonido, la duración en pantalla y si se muestran banners o alertas.

6. También puedes personalizar las notificaciones emergentes y los sonidos para eventos específicos como correos electrónicos, mensajes y recordatorios.

7. Una vez que hayas configurado todas tus preferencias, cierra la ventana de Configuración y tus cambios se guardarán automáticamente.

¿Qué opciones de accesibilidad ofrece Windows 11 para usuarios con discapacidades?

Windows 11 ofrece una serie de opciones de accesibilidad para usuarios con discapacidades, que incluyen:

1. Narrador: Un lector de pantalla que lee en voz alta el texto en la pantalla y describe eventos como notificaciones y alertas.

2. Lupa: Una herramienta que amplía partes específicas de la pantalla para facilitar la lectura.

3. Teclado en pantalla: Permite a los usuarios escribir utilizando el teclado virtual en lugar del teclado físico.

4. Mejoras en el contraste de color: Windows 11 ofrece opciones para ajustar el contraste de color y hacer que la pantalla sea más fácil de ver para personas con discapacidades visuales.

5. Subtítulos en tiempo real: Permite a los usuarios ver subtítulos en tiempo real durante las videollamadas y otras actividades multimedia.

6. Opciones de accesibilidad adicionales: Windows 11 también ofrece opciones como ajustes de tamaño y color del cursor, teclas de filtro para reducir la sensibilidad del teclado y opciones para personalizar la apariencia visual del sistema operativo.

7. Asistente de voz: Windows 11 cuenta con un asistente de voz integrado que permite a los usuarios controlar su dispositivo mediante comandos de voz.

8. Mejoras en el reconocimiento de voz: Windows 11 ofrece mejoras en el reconocimiento de voz para facilitar la entrada de texto y comandos mediante la voz.

9. Accesibilidad táctil: Windows 11 incluye opciones para facilitar la interacción táctil en dispositivos con pantalla táctil, como gestos personalizables y controles simplificados.

10. Opciones de navegación simplificadas: Windows 11 ofrece opciones para simplificar la navegación del sistema operativo, como atajos de teclado personalizables y menús desplegables accesibles.

11. Control por gestos: Windows 11 permite a los usuarios controlar su dispositivo mediante gestos táctiles, lo que facilita la interacción para personas con discapacidades motoras.

12. Mejoras en el reconocimiento facial: Windows 11 ofrece opciones para utilizar el reconocimiento facial como método de autenticación, lo que puede ser útil para personas con discapacidades que dificultan la escritura de contraseñas.

13. Personalización de accesibilidad: Windows 11 permite a los usuarios personalizar las opciones de accesibilidad según sus necesidades específicas, como ajustar la velocidad del cursor o activar funciones de accesibilidad específicas para ciertas aplicaciones.

14. Soporte para dispositivos de asistencia: Windows 11 es compatible con una amplia gama de dispositivos de asistencia, como lectores de pantalla y teclados especiales, para facilitar la interacción de personas con discapacidades.

15. Centro de accesibilidad: Windows 11 cuenta con un Centro de Accesibilidad que proporciona información y recursos sobre las opciones disponibles para mejorar la accesibilidad del sistema operativo.

¿Cómo puedo administrar y organizar mis archivos y carpetas en Windows 11?

Para administrar y organizar tus archivos y carpetas en Windows 11, puedes seguir estos pasos:

1. Crear carpetas: Para organizar tus archivos, puedes crear carpetas nuevas. Haz clic con el botón derecho del ratón en un espacio vacío de la ventana del Explorador de archivos y selecciona "Nuevo" > "Carpeta". Luego, nombra la carpeta como desees.

2. Mover archivos: Para mover archivos a una carpeta específica, simplemente arrastra y suelta los archivos en la carpeta deseada.

3. Renombrar archivos y carpetas: Haz clic con el botón derecho del ratón en el archivo o carpeta que deseas renombrar y selecciona "Cambiar nombre". Escribe el nuevo nombre y presiona Enter.

4. Eliminar archivos y carpetas: Para eliminar un archivo o carpeta, haz clic con el botón derecho del ratón sobre él y selecciona "Eliminar". También puedes presionar la tecla Supr en tu teclado.

5. Organizar por categorías: Puedes organizar tus archivos por categorías como tipo, fecha de modificación, tamaño, etc. Haz clic en la pestaña "Vista" en la parte superior de la ventana del Explorador de archivos y selecciona una opción de organización.

6. Utilizar etiquetas: Puedes asignar etiquetas a tus archivos para identificarlos más fácilmente. Haz clic con el botón derecho del ratón en un archivo o carpeta, selecciona "Propiedades" y luego ve a la pestaña "Detalles" para agregar etiquetas.

7. Personalizar las vistas: Puedes personalizar cómo se muestran tus archivos en el Explorador de archivos cambiando el tamaño de

los iconos, activando o desactivando las vistas previas, etc. Experimenta con las opciones disponibles para encontrar la configuración que mejor se adapte a tus necesidades.

¿Qué aplicaciones nativas vienen preinstaladas en Windows 11 y cómo puedo utilizarlas?

1. Microsoft Edge: Navegador web predeterminado en Windows 11. Puedes utilizarlo para navegar por internet, buscar información, ver videos, etc.

2. Correo: Aplicación de correo electrónico para gestionar tus cuentas de correo electrónico.

3. Calendario: Aplicación para organizar tus eventos y citas.

4. Fotos: Aplicación para ver y organizar tus fotos y vídeos.

5. Cámara: Aplicación para tomar fotos y grabar vídeos con tu cámara integrada.

6. Configuración: Aplicación para personalizar la configuración de tu dispositivo.

7. Microsoft Store: Tienda de aplicaciones donde puedes descargar e instalar nuevas aplicaciones y juegos.

8. Xbox Game Bar: Herramienta para grabar clips de juego, realizar capturas de pantalla y acceder a otras funciones mientras juegas en tu PC.

9. Calculadora: Aplicación para realizar operaciones matemáticas básicas y avanzadas.

10. Contactos: Aplicación para gestionar tus contactos y sincronizarlos con tus cuentas de correo electrónico.

11. Mapas: Aplicación para buscar direcciones, obtener indicaciones de navegación y explorar lugares cercanos.

12. Música: Aplicación para escuchar música almacenada en tu dispositivo o transmitirla desde servicios como Spotify o Apple Music.

13. Noticias: Aplicación para mantenerte informado sobre las últimas noticias locales e internacionales.

14. OneDrive: Servicio de almacenamiento en la nube donde puedes guardar tus archivos y acceder a ellos desde cualquier dispositivo conectado a internet.

15. Paint 3D: Herramienta de edición de imágenes que te permite crear diseños en tres dimensiones.

16. Películas y TV: Aplicación para ver películas y programas de televisión en tu dispositivo.

17. People (Gente): Aplicación que te permite conectar con amigos y familiares a través de redes sociales como Facebook o Twitter.

18. Snip & Sketch (Recorte & Esbozo): Herramienta para capturar pantallas, hacer anotaciones en ellas y compartirlas fácilmente.

19. Sticky Notes (Notas adhesivas): Aplicación para tomar notas rápidas y recordatorios que se sincronizan entre dispositivos conectados a tu cuenta Microsoft.

20. Vídeo 360° (360 Viewer): Aplicación que te permite ver videos grabados en formato 360 grados, ofreciendo una experiencia inmersiva al usuario.

¿Cómo puedo sincronizar mi dispositivo móvil con Windows 11 para acceder a mis archivos y datos desde cualquier lugar?

Para sincronizar tu dispositivo móvil con Windows 11 y acceder a tus archivos y datos desde cualquier lugar, puedes seguir estos pasos:

1. Usar la aplicación "Tu Teléfono" de Windows: Windows 11 tiene una aplicación llamada "Tu Teléfono" que te permite vincular tu dispositivo móvil con tu PC. Puedes descargar esta aplicación desde la Microsoft Store e instalarla en tu PC y en tu dispositivo móvil.

2. Vincular tu dispositivo móvil con tu PC: Abre la aplicación "Tu Teléfono" en tu PC y sigue las instrucciones para vincular tu dispositivo móvil. Es posible que necesites descargar una aplicación complementaria en tu dispositivo móvil para completar el proceso de vinculación.

3. Acceder a tus archivos y datos: Una vez que hayas vinculado tu dispositivo móvil con tu PC a través de la aplicación "Tu Teléfono", podrás acceder a tus fotos, mensajes, notificaciones y otras funciones desde tu PC. También puedes acceder a los archivos almacenados en tu dispositivo móvil y transferirlos a tu PC de forma sencilla.

4. Configurar la sincronización automática: Puedes configurar la aplicación "Tu Teléfono" para que sincronice automáticamente tus datos entre tu dispositivo móvil y tu PC. Esto te permitirá acceder a tus archivos y datos actualizados en tiempo real desde cualquier lugar.

Con estos pasos, podrás sincronizar tu dispositivo móvil con Windows 11 y acceder a tus archivos y datos desde cualquier lugar de forma fácil y conveniente.

Ejemplo con el Xiaomi Redmi Note 9S:

   a) Vía Wifi:

¿Cuál es la mejor forma de realizar copias de seguridad de mis datos en Windows 11?

Para realizar copias de seguridad de tus datos en Windows 11, puedes utilizar varias opciones que te permitirán proteger tu información de forma segura. A continuación, te presento algunas de las mejores formas de realizar copias de seguridad en Windows 11:

1. Utilizar la función de copia de seguridad integrada en Windows 11:
   - Windows 11 cuenta con una función de copia de seguridad integrada que te permite realizar copias de seguridad de tus archivos y configuraciones. Puedes acceder a esta función en la sección de "Configuración" > "Actualización y seguridad" > "Copia de seguridad".

2. Utilizar OneDrive:
   - OneDrive es el servicio de almacenamiento en la nube de Microsoft que te permite almacenar tus archivos de forma segura y acceder a ellos desde cualquier dispositivo. Puedes configurar OneDrive para que sincronice automáticamente tus archivos y realice copias de seguridad en la nube.

3. Utilizar un disco duro externo o unidad USB:
   - Puedes realizar copias de seguridad de tus datos en un disco duro externo o una unidad USB. Simplemente conecta el dispositivo de almacenamiento externo a tu PC y copia tus archivos importantes en él de forma manual.

4. Utilizar software de copia de seguridad de terceros:
   - También puedes optar por utilizar software de copia de seguridad de terceros que te permita programar copias de

seguridad automáticas, cifrar tus datos y restaurarlos en caso de pérdida.

5. Realizar copias de seguridad periódicas:
  - Es importante establecer un horario regular para realizar copias de seguridad de tus datos, ya sea diariamente, semanalmente o mensualmente, dependiendo de la cantidad y la importancia de la información que necesitas respaldar.

Al elegir la mejor forma de realizar copias de seguridad en Windows 11, es importante considerar la cantidad de datos que deseas respaldar, la frecuencia con la que necesitas hacerlo y la facilidad de acceso a tus archivos en caso de necesitar restaurarlos. ¡Recuerda siempre mantener tus copias de seguridad actualizadas para proteger tu información!

¿Cómo puedo solucionar problemas comunes de compatibilidad de programas en Windows 11?

Los problemas de compatibilidad de programas pueden surgir al ejecutar ciertas aplicaciones en Windows 11, especialmente si son antiguas o no están diseñadas para esta versión del sistema operativo. A continuación, te presento 10 maneras diferentes de solucionar problemas comunes de compatibilidad de programas en Windows 11:

1. Ejecutar el programa en modo de compatibilidad:
   - Haz clic derecho en el icono del programa, selecciona "Propiedades", ve a la pestaña "Compatibilidad" y marca la casilla "Ejecutar este programa en modo de compatibilidad para" y elige una versión anterior de Windows.

2. Actualizar el programa:
   - Asegúrate de que el programa esté actualizado a la última versión compatible con Windows 11. Visita el sitio web del fabricante para descargar las actualizaciones necesarias.

3. Utilizar la herramienta Solucionador de problemas de compatibilidad:
   - En el menú de inicio, busca y ejecuta la herramienta Solucionador de problemas de compatibilidad. Sigue las instrucciones para identificar y resolver problemas de compatibilidad.

4. Instalar actualizaciones de Windows:
   - Asegúrate de que Windows 11 esté actualizado con las últimas actualizaciones de seguridad y compatibilidad. Ve a "Configuración" > "Actualización y seguridad" > "Windows Update" para verificar e instalar actualizaciones.

5. Desactivar la protección del control de cuentas de usuario (UAC):
   - Temporalmente desactiva la UAC en Windows 11 y prueba si el programa funciona correctamente. Puedes hacerlo en "Configuración" > "Cuentas" > "Inicio de sesión" > "Cambiar configuración del control de cuentas de usuario".

6. Ejecutar el programa como administrador:
   - Haz clic derecho en el icono del programa y selecciona "Ejecutar como administrador". Esto puede ayudar a resolver problemas de permisos que afectan la compatibilidad.

7. Utilizar una máquina virtual:
   - Si el programa es muy antiguo o incompatible con Windows 11, considera utilizar una máquina virtual para ejecutarlo en un entorno virtualizado con una versión más antigua de Windows.

8. Desinstalar programas conflictivos:
   - Si tienes programas conflictivos que pueden interferir con la compatibilidad, desinstálalos temporalmente y prueba si el programa problemático funciona correctamente.

9. Actualizar los controladores del sistema:
   - Asegúrate de tener los controladores actualizados para tu hardware, especialmente los controladores de la tarjeta gráfica, sonido y red, ya que pueden influir en la compatibilidad de los programas.

10. Consultar la comunidad en línea:
    - Busca en foros o comunidades en línea especializadas en Windows 11 para obtener consejos y soluciones específicas para problemas de compatibilidad con programas. Otros usuarios pueden haber encontrado y compartido soluciones efectivas.

Al seguir estas recomendaciones, podrás abordar y resolver los problemas comunes de compatibilidad de programas en Windows 11, permitiéndote disfrutar de una experiencia más fluida al ejecutar tus aplicaciones favoritas. ¡Espero que estas sugerencias te sean útiles!

¿Qué opciones de conectividad y redes ofrece Windows 11 y cómo puedo configurarlas correctamente?

Windows 11 ofrece diversas opciones de conectividad y redes para que los usuarios puedan acceder a Internet, compartir archivos y dispositivos, y conectarse con otros dispositivos en una red local. A continuación, te presento algunas de las opciones de conectividad y redes disponibles en Windows 11 y cómo puedes configurarlas correctamente:

1. Wi-Fi:
 - Para conectarte a una red Wi-Fi, haz clic en el icono de red en la barra de tareas, selecciona la red a la que deseas unirte e introduce la contraseña si es necesario. Puedes administrar tus redes Wi-Fi en "Configuración" > "Red e Internet" > "Wi-Fi".

2. Ethernet:
 - Si prefieres una conexión por cable, conecta un cable Ethernet a tu computadora y al router. Windows 11 debería detectar automáticamente la conexión y configurarse. Puedes verificar y administrar la conexión Ethernet en "Configuración" > "Red e Internet" > "Ethernet".

3. VPN (Red Privada Virtual):
 - Para configurar una conexión VPN, ve a "Configuración" > "Red e Internet" > "VPN" y agrega una nueva conexión VPN proporcionando la información requerida por tu proveedor de servicios VPN.

4. Redes móviles:
 - Si tienes un dispositivo móvil con capacidad de hotspot, puedes compartir su conexión de datos con tu computadora. Ve a "Configuración" > "Red e Internet" > "Punto de acceso móvil" para configurar y activar esta función.

5. Compartir archivos y dispositivos en red:
- Para compartir archivos y dispositivos en una red local, asegúrate de que la opción de uso compartido de archivos esté habilitada en "Configuración" > "Red e Internet" > "Uso compartido". También puedes configurar permisos de uso compartido para carpetas específicas.

6. Conexiones Bluetooth:
- Para conectar dispositivos Bluetooth, activa Bluetooth en tu computadora y en el dispositivo que deseas emparejar. Luego, busca dispositivos Bluetooth disponibles en la configuración de Bluetooth de Windows 11 y empareja los dispositivos.

7. Configuración avanzada de red:
- Para configuraciones avanzadas de red, como la asignación manual de direcciones IP o la configuración de servidores DNS personalizados, ve a "Configuración" > "Red e Internet" > "Configuración avanzada de red".

8. Solución de problemas de red:
- Si experimentas problemas de conectividad, puedes utilizar la herramienta Solucionador de problemas de red en "Configuración" > "Actualización y seguridad" > "Solucionar problemas" para identificar y resolver problemas comunes de red.

Al configurar correctamente estas opciones de conectividad y redes en Windows 11, podrás aprovechar al máximo las funcionalidades de red del sistema operativo y garantizar una conexión estable y segura para tus actividades en línea. ¡Espero que esta información te sea útil!

¿Cómo puedo proteger mi privacidad en Windows 11 y evitar la recopilación de datos no deseados?

Proteger tu privacidad en Windows 11 y evitar la recopilación de datos no deseados es una preocupación importante para muchos usuarios. A continuación, te presento algunas recomendaciones y configuraciones que puedes aplicar en Windows 11 para mejorar tu privacidad:

1. Revisar la configuración de privacidad:
   - Ve a "Configuración" > "Privacidad" y revisa las diferentes categorías de privacidad, como la cámara, el micrófono, la ubicación, etc. Asegúrate de revisar y ajustar las configuraciones según tus preferencias.

2. Controlar la recopilación de datos:
   - En "Configuración" > "Privacidad" > "Diagnóstico y comentarios", puedes ajustar el nivel de datos que Windows recopila sobre tu uso del sistema. Puedes elegir entre niveles básicos o completos, o incluso desactivar la recopilación de datos.

3. Desactivar la publicidad personalizada:
   - En "Configuración" > "Privacidad" > "Anuncios", puedes desactivar la opción de permitir que las aplicaciones usen tu identificador de publicidad para ofrecerte anuncios personalizados.

4. Controlar el acceso a la cámara y el micrófono:
   - En "Configuración" > "Privacidad" > "Cámara" y "Micrófono", puedes ver qué aplicaciones tienen acceso a estos dispositivos y desactivar el acceso para aquellas aplicaciones que no necesiten utilizarlos.

5. Gestionar el historial de actividad:

- En "Configuración" > "Privacidad" > "Historial de actividad", puedes controlar si Windows almacena tu historial de actividad en la nube y quién tiene acceso a él.

6. Desactivar la ubicación:
   - Si no deseas que Windows acceda a tu ubicación, puedes desactivar esta función en "Configuración" > "Privacidad" > "Ubicación".

7. Revisar las configuraciones de seguridad en línea:
   - En "Configuración" > "Cuentas" > "Opciones de inicio de sesión", puedes revisar y ajustar la configuración relacionada con la seguridad en línea, como el uso de Windows Hello o la autenticación de dos factores.

8. Actualizar y mantener tu sistema seguro:
   - Asegúrate de mantener tu sistema operativo actualizado con las últimas actualizaciones de seguridad para proteger tu información personal y evitar vulnerabilidades.

Al aplicar estas recomendaciones y ajustes de privacidad en Windows 11, podrás proteger mejor tus datos personales y reducir la cantidad de información que se recopila sin tu consentimiento. Recuerda revisar periódicamente tus configuraciones de privacidad para asegurarte de que se ajusten a tus preferencias y necesidades.

¿Cuáles son las opciones de soporte técnico disponibles para los usuarios de Windows 11 en caso de problemas o dudas?

Para los usuarios de Windows 11 que necesiten soporte técnico en caso de problemas o dudas, Microsoft ofrece varias opciones de asistencia. A continuación, te presento algunas de las principales opciones de soporte técnico disponibles para los usuarios de Windows 11:

1. Centro de ayuda de Windows: Puedes acceder al Centro de ayuda de Windows dentro del sistema operativo para encontrar respuestas a preguntas frecuentes, solucionar problemas comunes y obtener información sobre cómo realizar tareas específicas en Windows 11.

2. Comunidad de Microsoft: La comunidad de Microsoft es un espacio en línea donde los usuarios pueden hacer preguntas, intercambiar consejos y compartir experiencias relacionadas con Windows 11. Puedes acceder a la comunidad a través del sitio web de Microsoft.

3. Asistencia por chat: Microsoft ofrece un servicio de asistencia por chat en su sitio web oficial, donde puedes hablar con un agente de soporte técnico para obtener ayuda con problemas específicos en Windows 11.

4. Soporte telefónico: Si prefieres recibir asistencia por teléfono, Microsoft también proporciona un servicio de soporte telefónico donde puedes hablar con un representante de soporte técnico para resolver problemas o dudas relacionadas con Windows 11.

5. Foros de soporte técnico: Además de la comunidad de Microsoft, existen otros foros en línea donde los usuarios pueden buscar

ayuda y compartir información sobre Windows 11. Algunos ejemplos incluyen los foros de Reddit, Stack Overflow y otros sitios especializados en tecnología.

6. Asistencia remota: En algunos casos, Microsoft puede ofrecer asistencia remota para solucionar problemas más complejos en tu sistema operativo. Esta opción permite a un técnico de soporte acceder a tu computadora de forma remota para diagnosticar y resolver problemas.

7. Centro de resolución de problemas: Windows 11 incluye un Centro de resolución de problemas integrado que puede ayudarte a identificar y solucionar problemas comunes en el sistema operativo.

Recuerda que es importante mantener tu sistema operativo actualizado y realizar copias de seguridad periódicas de tus datos para evitar posibles pérdidas de información. Si experimentas problemas con Windows 11, te recomiendo que te pongas en contacto con el soporte técnico de Microsoft para obtener la ayuda necesaria.

¿Cuál es la política de actualizaciones de Windows 11 y cómo puedo gestionarlas de manera eficiente?

La política de actualizaciones de Windows 11 se basa en proporcionar a los usuarios nuevas funciones, mejoras de seguridad y correcciones de errores de forma periódica para mantener el sistema operativo actualizado y seguro. A continuación, te presento algunas claves importantes sobre la política de actualizaciones de Windows 11 y cómo gestionarlas de manera eficiente:

1. Tipos de actualizaciones: En Windows 11, existen dos tipos principales de actualizaciones: las actualizaciones mensuales de seguridad (también conocidas como "actualizaciones acumulativas") y las actualizaciones semestrales (también conocidas como "actualizaciones de características"). Las actualizaciones mensuales se centran en corregir vulnerabilidades de seguridad y problemas específicos, mientras que las actualizaciones semestrales introducen nuevas funciones y mejoras en el sistema operativo.

2. Programación de actualizaciones: Windows 11 está diseñado para descargar e instalar automáticamente las actualizaciones en segundo plano para garantizar que tu sistema esté siempre actualizado. Sin embargo, puedes programar el momento en que se instalan las actualizaciones para evitar interrupciones durante tu trabajo o actividades importantes.

3. Configuración de Windows Update: Puedes gestionar las actualizaciones de Windows 11 a través de la configuración de Windows Update. Para acceder a esta configuración, ve a Configuración > Actualización y seguridad > Windows Update. Desde aquí, puedes verificar si hay actualizaciones disponibles, programar el reinicio después de una actualización y configurar

opciones avanzadas como pausar las actualizaciones durante un período determinado.

4. Controladores y firmware: Además de las actualizaciones del sistema operativo, es importante mantener actualizados los controladores y firmware de tu hardware para garantizar un rendimiento óptimo y la compatibilidad con Windows 11. Puedes comprobar la disponibilidad de actualizaciones de controladores a través del Administrador de dispositivos o descargando herramientas de actualización específicas del fabricante.

5. Restauración del sistema: En caso de que una actualización cause problemas en tu sistema, Windows 11 ofrece la posibilidad de desinstalar actualizaciones recientes a través de la configuración de Windows Update o utilizando la función de Restauración del sistema para revertir el sistema a un estado anterior.

Gestionar las actualizaciones de Windows 11 de manera eficiente es fundamental para mantener tu sistema seguro y funcionando sin problemas. Asegúrate de revisar regularmente las actualizaciones disponibles, programarlas en momentos convenientes y mantener tus controladores y firmware actualizados para disfrutar al máximo de tu experiencia con Windows 11.

¿Cómo puedo personalizar y organizar la barra de tareas en Windows 11 para acceder rápidamente a mis aplicaciones favoritas?

Personalizar y organizar la barra de tareas en Windows 11 te permite acceder rápidamente a tus aplicaciones favoritas y mejorar tu productividad. A continuación, te presento algunos pasos para personalizar y organizar la barra de tareas en Windows 11:

1. Anclar aplicaciones: Para acceder rápidamente a tus aplicaciones favoritas, puedes anclarlas a la barra de tareas. Para hacerlo, simplemente abre la aplicación que deseas anclar, haz clic con el botón derecho en su icono en la barra de tareas y selecciona la opción "Anclar a la barra de tareas". El icono de la aplicación permanecerá visible en la barra de tareas para un acceso rápido.

2. Organizar aplicaciones ancladas: Puedes organizar las aplicaciones ancladas en la barra de tareas arrastrándolas y soltándolas en el orden deseado. De esta manera, puedes colocar las aplicaciones más utilizadas en posiciones estratégicas para acceder a ellas fácilmente.

3. Crear grupos de aplicaciones: En Windows 11, puedes crear grupos de aplicaciones en la barra de tareas para organizar tus aplicaciones de manera más eficiente. Para crear un grupo, arrastra una aplicación sobre otra en la barra de tareas y suéltala para crear un grupo. Puedes personalizar el nombre del grupo haciendo clic derecho sobre él y seleccionando "Editar nombre".

4. Personalizar la barra de tareas: Windows 11 ofrece opciones de personalización para la barra de tareas, como cambiar su posición (inferior o lateral), ocultar automáticamente la barra de tareas en modo escritorio, ajustar el tamaño de los iconos y más. Para personalizar la barra de tareas, haz clic derecho en un espacio vacío

de la barra de tareas y selecciona "Configuración de la barra de tareas".

5. Utilizar la función Widgets: En Windows 11, la función Widgets te permite acceder rápidamente a información personalizada, como noticias, clima, calendario y más. Puedes personalizar los widgets que se muestran en la barra lateral para acceder rápidamente a la información que te interesa.

¿Cuáles son las opciones de virtualización disponibles en Windows 11 y cómo puedo utilizarlas para ejecutar programas o sistemas operativos adicionales?

En Windows 11, existen varias opciones de virtualización que te permiten ejecutar programas o sistemas operativos adicionales de forma segura y aislada. A continuación, te presento las principales opciones de virtualización disponibles en Windows 11 y cómo puedes utilizarlas:

1. Windows Sandbox: Windows Sandbox es una característica integrada en Windows 11 que te permite ejecutar aplicaciones de forma aislada en un entorno virtual ligero y desechable. Para utilizar Windows Sandbox, simplemente busca "Windows Sandbox" en el menú de inicio, ábrelo y ejecuta las aplicaciones que desees probar de forma segura.

2. Hyper-V: Hyper-V es una herramienta de virtualización de Microsoft que te permite crear y ejecutar máquinas virtuales con diferentes sistemas operativos en tu PC con Windows 11. Para habilitar Hyper-V, ve a "Configuración" > "Aplicaciones" > "Programas y características" > "Activar o desactivar las características de Windows" y marca la casilla de "Hyper-V". Una vez habilitado, podrás crear y gestionar máquinas virtuales con Hyper-V Manager.

3. VirtualBox: VirtualBox es un software de virtualización gratuito y de código abierto que te permite crear y ejecutar máquinas virtuales en tu PC con Windows 11. Para utilizar VirtualBox, descarga e instala el software desde su sitio web oficial, crea una nueva máquina virtual, selecciona el sistema operativo que deseas instalar y sigue las instrucciones para completar la configuración.

4. VMware Workstation Player: VMware Workstation Player es otra opción popular para la virtualización en Windows 11. Descarga e instala VMware Workstation Player desde su sitio web oficial, crea una nueva máquina virtual, selecciona el sistema operativo que deseas instalar y sigue las instrucciones para completar la configuración.

¿Cómo puedo habilitar y configurar el modo oscuro en Windows 11 para reducir la fatiga visual y mejorar la experiencia de uso en entornos con poca luz?

Para habilitar y configurar el modo oscuro en Windows 11, sigue estos pasos:

1. Haz clic en el botón de Inicio en la esquina inferior izquierda de la pantalla y selecciona "Configuración" (icono de engranaje).

2. En la ventana de Configuración, selecciona "Personalización".

3. En el menú de la izquierda, haz clic en "Colores".

4. En la sección "Modo", selecciona "Oscuro" para activar el modo oscuro.

5. También puedes personalizar el modo oscuro aún más ajustando las opciones de acento, transparencia y otros colores según tus preferencias.

Una vez que hayas habilitado el modo oscuro, notarás que las aplicaciones y ventanas del sistema operativo adoptarán un esquema de colores más oscuros, lo que puede reducir la fatiga visual y mejorar la experiencia de uso en entornos con poca luz.

¿Qué herramientas de productividad ofrece Windows 11, como el escritorio virtual, la función de Snap Layouts y Snap Groups, y cómo puedo aprovechar al máximo estas funciones?

Windows 11 ofrece varias herramientas de productividad que pueden ayudarte a organizar y optimizar tu flujo de trabajo. Algunas de las principales funciones incluyen:

1. Escritorio virtual: Con el escritorio virtual, puedes crear múltiples escritorios virtuales para organizar tus aplicaciones y ventanas de forma más eficiente. Puedes cambiar entre escritorios virtuales con facilidad y mantener tus tareas separadas para una mayor productividad.

2. Snap Layouts y Snap Groups: Estas funciones te permiten organizar rápidamente tus ventanas en la pantalla para maximizar tu espacio de trabajo. Con Snap Layouts, puedes dividir la pantalla en diferentes áreas para colocar varias aplicaciones al mismo tiempo. Por otro lado, con Snap Groups, puedes guardar grupos de aplicaciones abiertas para acceder a ellas fácilmente en el futuro.

Para aprovechar al máximo estas funciones, te recomendamos seguir estos consejos:

- Utiliza el escritorio virtual para organizar tus tareas por proyecto o tema. Por ejemplo, puedes tener un escritorio virtual dedicado a tu trabajo, otro para entretenimiento y otro para tareas personales.
- Aprovecha Snap Layouts y Snap Groups para organizar rápidamente tus ventanas en la pantalla. Por ejemplo, puedes utilizar Snap Layouts para dividir la pantalla en dos o más áreas y colocar diferentes aplicaciones en cada una.

- Guarda grupos de aplicaciones con Snap Groups para acceder rápidamente a ellas en el futuro. Por ejemplo, si trabajas en un conjunto específico de aplicaciones todos los días, puedes guardarlas como un grupo y abrirlas todas juntas con un solo clic.

Windows 11 ofrece varias herramientas de productividad que pueden ayudarte a optimizar tu flujo de trabajo y mejorar tu eficiencia. Experimenta con estas funciones y descubre cómo pueden ayudarte a ser más productivo en tu día a día.

¿Cómo puedo utilizar la función de escritura a mano en Windows 11 para tomar notas, dibujar o realizar anotaciones en documentos de forma más intuitiva?

Para utilizar la función de escritura a mano en Windows 11 y tomar notas, dibujar o realizar anotaciones en documentos de forma más intuitiva, puedes seguir estos pasos:

1. Abre la aplicación en la que deseas tomar notas, dibujar o realizar anotaciones.

2. Haz clic en el icono de teclado virtual en la barra de tareas (junto al reloj) para abrir el teclado táctil.

3. En el teclado táctil, haz clic en el icono de lápiz para activar la función de escritura a mano.

4. Una vez activada la función de escritura a mano, puedes comenzar a escribir con tu dedo o con un lápiz digital directamente sobre la pantalla.

5. Para cambiar el color o grosor del trazo, puedes hacer clic en las opciones disponibles en el menú del lápiz.

6. Para borrar o deshacer un trazo, puedes utilizar las opciones disponibles en el menú del lápiz o simplemente borrar con tu dedo.

7. Cuando hayas terminado de tomar notas, dibujar o realizar anotaciones, puedes guardar el documento o exportarlo según sea necesario.

Recuerda que esta función puede variar dependiendo del dispositivo y la versión de Windows 11 que estés utilizando.

También es importante tener un dispositivo compatible con pantalla táctil y/o lápiz digital para poder aprovechar al máximo esta función.

¿Cuál es la mejor forma de gestionar las actualizaciones de controladores en Windows 11 para garantizar un rendimiento óptimo y la compatibilidad con hardware y software externo?

La mejor forma de gestionar las actualizaciones de controladores en Windows 11 para garantizar un rendimiento óptimo y la compatibilidad con hardware y software externo es seguir estos consejos:

1. Configurar las actualizaciones automáticas: Windows 11 ofrece la opción de configurar las actualizaciones automáticas para los controladores, lo que garantiza que siempre estén actualizados sin tener que hacerlo manualmente.

2. Utilizar el Administrador de dispositivos: El Administrador de dispositivos es una herramienta integrada en Windows que permite gestionar los controladores instalados en el sistema. Desde aquí se pueden verificar si hay actualizaciones disponibles y realizar la instalación de forma sencilla.

3. Descargar controladores desde fuentes confiables: Es importante descargar los controladores únicamente desde fuentes confiables, como el sitio web del fabricante del dispositivo o a través de Windows Update. Evitar descargar controladores de sitios web no oficiales para evitar problemas de compatibilidad y seguridad.

4. Realizar copias de seguridad: Antes de instalar una actualización de controlador, es recomendable realizar una copia de seguridad del sistema por si surge algún problema durante la instalación y se necesita restaurar el sistema a un estado anterior.

5. Mantenerse informado sobre las actualizaciones: Es importante estar al tanto de las actualizaciones disponibles para los

controladores del sistema, ya que estas suelen incluir mejoras en el rendimiento, corrección de errores y mayor compatibilidad con hardware y software externo.

Siguiendo estos consejos, se puede garantizar un rendimiento óptimo del sistema y una mayor compatibilidad con hardware y software externo al gestionar adecuadamente las actualizaciones de controladores en Windows 11.

¿Cómo puedo configurar y utilizar la función de dictado Por voz en Windows 11 para escribir textos o comandos De forma más rápida y precisa?

Para configurar y utilizar la función de dictado por voz en Windows 11, sigue estos pasos:

1. Abre el menú de Configuración de Windows 11 haciendo clic en el icono de Configuración en el menú Inicio o presionando la tecla Windows + I.

2. En la ventana de Configuración, selecciona la opción "Accesibilidad".

3. En el menú de Accesibilidad, selecciona la opción "Dictado" en el panel izquierdo.

4. Activa la opción "Habilitar dictado" para activar la función de dictado por voz en tu dispositivo.

5. Puedes personalizar las opciones de dictado según tus preferencias, como elegir el idioma del dictado, activar o desactivar los comandos de voz y ajustar la sensibilidad del micrófono.

Una vez configurada la función de dictado por voz, puedes utilizarla para escribir textos o comandos de forma más rápida y precisa siguiendo estos pasos:

1. Abre cualquier aplicación donde desees escribir texto, como Word, Bloc de notas o un navegador web.

2. Coloca el cursor en el lugar donde deseas comenzar a dictar.

3. Presiona la tecla Windows + H para abrir el cuadro de dictado por voz.

4. Empieza a hablar claramente y pronunciando cada palabra con claridad mientras ves cómo se va escribiendo lo que dices en tiempo real.

5. Puedes utilizar comandos de voz como "punto", "coma", "nueva línea" o "borrar palabra anterior" para editar tu texto mientras dictas.

6. Cuando hayas terminado de dictar tu texto, puedes cerrar el cuadro de dictado por voz presionando nuevamente la tecla Windows + H o haciendo clic fuera del cuadro.

¡Listo! Ahora puedes utilizar la función de dictado por voz en Windows 11 para escribir textos o comandos con mayor rapidez y precisión.

¿Qué opciones de personalización avanzada ofrece Windows 11?

1. Temas personalizados: Windows 11 permite a los usuarios personalizar completamente el aspecto de su sistema operativo con temas personalizados que incluyen fondos de pantalla, colores de acento y sonidos.

2. Configuración avanzada del menú de inicio: Los usuarios pueden personalizar el menú de inicio de Windows 11 con accesos directos a aplicaciones, carpetas y sitios web favoritos, así como organizar los elementos según sus preferencias.

3. Barra de tareas personalizable: La barra de tareas en Windows 11 se puede personalizar con diferentes opciones de diseño, como la ubicación de los iconos y la visibilidad de las aplicaciones abiertas.

4. Widgets personalizables: Los widgets en Windows 11 se pueden personalizar para mostrar información relevante para el usuario, como noticias, clima y calendario, según sus preferencias.

5. Configuración avanzada del escritorio virtual: Windows 11 ofrece la posibilidad de crear múltiples escritorios virtuales para organizar mejor las aplicaciones y tareas abiertas, permitiendo una mayor productividad.

6. Personalización del panel de control: Los usuarios pueden personalizar el panel de control en Windows 11 para acceder rápidamente a las configuraciones más utilizadas y organizarlas según sus necesidades.

7. Opciones avanzadas de accesibilidad: Windows 11 ofrece una amplia gama de opciones avanzadas de accesibilidad para adaptar

el sistema operativo a las necesidades individuales de cada usuario, como ajustes visuales y auditivos.

8. Personalización del centro de notificaciones: Los usuarios pueden personalizar el centro de notificaciones en Windows 11 para recibir alertas y notificaciones importantes según sus preferencias y prioridades.

9. Configuración avanzada del explorador de archivos: El explorador de archivos en Windows 11 se puede personalizar con diferentes vistas, filtros y opciones de organización para facilitar la gestión y búsqueda de archivos.

10. Personalización del modo oscuro: Windows 11 ofrece la posibilidad de activar el modo oscuro en todo el sistema operativo para reducir la fatiga visual y mejorar la experiencia del usuario en entornos con poca luz.

¿Cómo puedo utilizar la función de búsqueda integrada en Windows 11 para encontrar rápidamente archivos, aplicaciones, configuraciones y contenido en línea desde un solo lugar?

Para utilizar la función de búsqueda integrada en Windows 11, sigue estos pasos:

1. Haz clic en el icono de búsqueda en la barra de tareas o presiona la tecla Windows + S en tu teclado para abrir la barra de búsqueda.

2. Escribe lo que estás buscando en el cuadro de búsqueda. Puedes buscar archivos, aplicaciones, configuraciones y contenido en línea.

3. A medida que escribes, verás sugerencias de resultados que coincidan con tu búsqueda. Puedes hacer clic en uno de los resultados sugeridos o presionar Enter para ver todos los resultados.

4. Para filtrar los resultados, puedes hacer clic en las pestañas que aparecen arriba de la lista de resultados (Archivos, Aplicaciones, Configuración, Web) para ver solo los resultados relacionados con esa categoría.

5. También puedes utilizar filtros adicionales como fecha, tipo de archivo o ubicación para refinar aún más tus resultados.

6. Una vez que encuentres lo que estás buscando, puedes hacer clic en el resultado para abrirlo o acceder a él directamente desde la barra de búsqueda.

Con la función de búsqueda integrada en Windows 11, puedes encontrar rápidamente lo que necesitas sin tener que navegar por diferentes carpetas o menús. Es una herramienta muy útil para mejorar tu productividad y eficiencia al utilizar tu computadora con Windows 11.

¿Cuáles son las mejores prácticas de mantenimiento y optimización del sistema en Windows 11, como la limpieza de archivos temporales, la desfragmentación del disco duro y la gestión de la memoria virtual?

1. Limpieza de archivos temporales: Regularmente eliminar archivos temporales y cachés innecesarios puede ayudar a liberar espacio en el disco duro y mejorar el rendimiento del sistema. Puedes utilizar la herramienta de limpieza de disco integrada en Windows 11 para realizar esta tarea.

2. Desfragmentación del disco duro: La desfragmentación del disco duro reorganiza los datos almacenados en el disco para que puedan ser accedidos más rápidamente. Puedes programar la desfragmentación automática en Windows 11 o ejecutarla manualmente cuando sea necesario.

3. Gestión de la memoria virtual: Asegúrate de que la configuración de la memoria virtual esté optimizada para tu sistema. Puedes ajustarla manualmente en las propiedades del sistema para asignar un tamaño adecuado a la memoria virtual y mejorar el rendimiento del sistema.

4. Actualizaciones del sistema: Mantén tu sistema operativo actualizado con las últimas actualizaciones y parches de seguridad para garantizar un funcionamiento óptimo y proteger tu equipo contra posibles vulnerabilidades.

5. Eliminación de programas no utilizados: Desinstala programas que ya no necesitas para liberar espacio en el disco duro y reducir la carga sobre el sistema.

6. Optimización de inicio: Revisa los programas que se inician automáticamente al encender el equipo y deshabilita aquellos que

no son necesarios, esto puede acelerar el tiempo de arranque del sistema.

7. Escaneo antivirus regular: Realiza escaneos antivirus periódicos para detectar y eliminar posibles amenazas que puedan afectar el rendimiento del sistema.

Estas son algunas prácticas recomendadas para mantener y optimizar tu sistema operativo

¿Cuál es la mejor forma de gestionar y organizar mis archivos y carpetas en Windows 11 utilizando funciones como la biblioteca de archivos, la búsqueda avanzada y la sincronización con servicios en la nube?

La mejor forma de gestionar y organizar tus archivos y carpetas en Windows 11 utilizando funciones como la biblioteca de archivos, la búsqueda avanzada y la sincronización con servicios en la nube es seguir estos pasos:

1. Utiliza las bibliotecas de archivos: Las bibliotecas de archivos te permiten agrupar diferentes carpetas en una sola ubicación para facilitar el acceso y la organización. Puedes crear nuevas bibliotecas o utilizar las predeterminadas como Documentos, Imágenes, Música y Vídeos.

2. Utiliza la búsqueda avanzada: Windows 11 cuenta con una función de búsqueda avanzada que te permite encontrar rápidamente cualquier archivo o carpeta en tu sistema. Puedes acceder a esta función presionando la tecla Windows + S y escribiendo el nombre del archivo que estás buscando.

3. Sincroniza tus archivos con servicios en la nube: Utiliza servicios como OneDrive, Google Drive o Dropbox para sincronizar tus archivos y carpetas en la nube. Esto te permitirá acceder a tus archivos desde cualquier dispositivo y mantener una copia de seguridad segura.

4. Organiza tus archivos por categorías: Crea carpetas específicas para diferentes tipos de archivos, como documentos, imágenes, música, vídeos, etc. Esto te ayudará a mantener tus archivos organizados y facilitará su acceso cuando los necesites.

5. Utiliza etiquetas o etiquetas de colores: Windows 11 te permite asignar etiquetas o colores a tus archivos y carpetas para identificarlos rápidamente. Puedes utilizar estas etiquetas para clasificar tus archivos por prioridad, proyecto o cualquier otra categoría que desees.

En recapitulación, la mejor forma de gestionar y organizar tus archivos en Windows 11 es utilizando las funciones integradas del sistema operativo, como las bibliotecas de archivos, la búsqueda avanzada y la sincronización con servicios en la nube. Siguiendo estos consejos podrás mantener tu sistema ordenado y acceder fácilmente a tus archivos cuando los necesites.

¿Cómo puedo utilizar la función de accesibilidad en Windows 11 para personalizar la experiencia de uso según mis necesidades, como activar el narrador, el teclado en pantalla o el aumento del contraste?

Para utilizar la función de accesibilidad en Windows 11 y personalizar la experiencia de uso según tus necesidades, puedes seguir estos pasos:

1. Abre el menú de inicio y selecciona "Configuración" (icono de engranaje).

2. En la ventana de Configuración, haz clic en "Accesibilidad".

3. En la sección de "Visión", encontrarás opciones como "Narrador", "Teclado en pantalla" y "Aumento del contraste". Puedes activar o desactivar estas funciones según tus necesidades.

4. Para activar el Narrador, simplemente haz clic en el interruptor para encenderlo. El Narrador leerá en voz alta el texto en pantalla para ayudarte a navegar por Windows.

5. Para activar el teclado en pantalla, haz clic en el interruptor correspondiente. Esto te permitirá usar un teclado virtual si tienes dificultades para escribir con un teclado físico.

6. Para aumentar el contraste, puedes ajustar la configuración deslizando el control deslizante hacia la derecha para aumentar el contraste o hacia la izquierda para disminuirlo.

7. Además, puedes explorar otras opciones de accesibilidad en Windows 11, como ajustes de tamaño y color del texto, opciones de audio y subtítulos, entre otros.

Al personalizar la función de accesibilidad en Windows 11 según tus necesidades, podrás mejorar tu experiencia de uso y hacer que sea más cómoda y accesible para ti.

¿Qué medidas de seguridad puedo implementar en Windows 11 para proteger mi sistema contra malware, virus y otras amenazas cibernéticas, como la instalación de un antivirus, la activación del firewall y la configuración de actualizaciones automáticas?

Además de las medidas mencionadas, aquí hay algunas otras medidas de seguridad que puedes implementar en Windows 11 para proteger tu sistema contra malware, virus y otras amenazas cibernéticas:

1. Utilizar una cuenta de usuario estándar en lugar de una cuenta de administrador para reducir los privilegios y limitar el acceso a ciertas funciones del sistema.

2. Habilitar la función de Control de cuentas de usuario (UAC) para recibir notificaciones antes de que se realicen cambios en el sistema.

3. Configurar Windows Defender, el antivirus integrado en Windows 11, para realizar análisis periódicos del sistema y mantenerlo actualizado con las últimas definiciones de virus.

4. Utilizar software de seguridad adicional, como antimalware y antiransomware, para complementar la protección proporcionada por Windows Defender.

5. Mantener el sistema operativo y todas las aplicaciones instaladas actualizadas con las últimas versiones y parches de seguridad disponibles.

6. Evitar hacer clic en enlaces o descargar archivos adjuntos sospechosos en correos electrónicos o mensajes no solicitados.

7. Utilizar contraseñas seguras y habilitar la autenticación de dos factores cuando sea posible para proteger tus cuentas en línea.

8. Configurar el firewall de Windows 11 para bloquear conexiones no autorizadas y filtrar el tráfico entrante y saliente.

9. Realizar copias de seguridad regulares de tus datos importantes en un dispositivo externo o en la nube para poder recuperarlos en caso de un ataque cibernético.

10. Ser consciente y educado sobre las prácticas seguras en línea, como no compartir información personal sensible o hacer clic en anuncios sospechosos.

¿Cómo puedo optimizar el rendimiento de mi sistema en Windows 11 mediante la gestión de programas de inicio, la desactivación de efectos visuales innecesarios y la monitorización del uso de recursos del sistema?

Para optimizar el rendimiento de tu sistema en Windows 11, puedes seguir los siguientes pasos:

1. Gestión de programas de inicio:
- Abre el Administrador de tareas presionando Ctrl + Shift + Esc.
- Ve a la pestaña "Inicio" y desactiva los programas que no necesitas que se inicien automáticamente al encender tu computadora.
- Esto ayudará a reducir la carga en el arranque del sistema y a mejorar su rendimiento.

2. Desactivación de efectos visuales innecesarios:
- Haz clic derecho en "Este PC" y selecciona "Propiedades".
- En la ventana que se abre, haz clic en "Configuración avanzada del sistema".
- En la pestaña "Opciones avanzadas", haz clic en "Configuración" dentro de la sección "Rendimiento".
- Puedes desactivar los efectos visuales innecesarios seleccionando la opción "Ajustar para obtener el mejor rendimiento" o personalizando las opciones según tus preferencias.

3. Monitorización del uso de recursos del sistema:
- Utiliza el Administrador de tareas para monitorizar el uso de CPU, memoria, disco y red por parte de tus aplicaciones y procesos.
- Identifica las aplicaciones que consumen muchos recursos y considera cerrarlas o desinstalarlas si no son necesarias.
- También puedes utilizar herramientas como MSI Afterburner o HWMonitor para obtener información más detallada sobre el uso de recursos del sistema.

Siguiendo estos pasos, podrás optimizar el rendimiento de tu sistema en Windows 11 y asegurarte de que esté funcionando de manera eficiente.

¿Cuáles son las opciones de conectividad disponibles en Windows 11, como la configuración de redes Wi-Fi, la conexión a dispositivos Bluetooth y la creación de una red doméstica para compartir archivos y recursos?

1. Conexión Wi-Fi: Permite conectarse a redes inalámbricas disponibles para acceder a internet y otros recursos en línea.

2. Bluetooth: Permite la conexión inalámbrica con dispositivos como auriculares, altavoces, teclados, ratones, entre otros.

3. Ethernet: Permite la conexión a internet a través de un cable de red Ethernet para una conexión más estable y rápida.

4. VPN: Permite establecer una conexión segura a una red privada virtual para proteger la información transmitida.

5. Hotspot móvil: Permite compartir la conexión a internet del dispositivo móvil con otros dispositivos cercanos.

6. Configuración de red doméstica: Permite crear una red local para compartir archivos, impresoras y otros recursos entre dispositivos en el hogar.

7. Configuración de red pública: Permite configurar la conexión a redes públicas con medidas de seguridad adicionales para proteger la información.

8. Configuración de proxy: Permite configurar un servidor proxy para acceder a internet de forma segura y privada.

9. Configuración de firewall: Permite configurar reglas de seguridad para proteger la red y los dispositivos contra amenazas externas.

10. Configuración de DNS: Permite configurar servidores DNS para traducir nombres de dominio en direcciones IP y facilitar el acceso a sitios web.

11. Compartir archivos en red: Permite compartir archivos y carpetas entre dispositivos conectados a la misma red doméstica.

12. Compartir impresoras en red: Permite compartir una impresora conectada a un dispositivo con otros dispositivos en la misma red doméstica.

13. Conexión remota: Permite acceder de forma remota a otro dispositivo dentro de la misma red o fuera de ella, utilizando herramientas como Escritorio Remoto o AnyDesk.

14. Configuración del adaptador de red: Permite gestionar las propiedades del adaptador de red, como dirección IP, máscara de subred, puerta de enlace predeterminada, etc.

15. Diagnóstico y solución de problemas de red: Ayuda a identificar y solucionar problemas relacionados con la conectividad a internet o la red local.

16. Configuración avanzada del firewall: Permite personalizar las reglas del firewall para permitir o bloquear ciertos tipos de tráfico en la red.

17. Administrador de redes conocidas: Permite gestionar las redes Wi-Fi conocidas y olvidadas para facilitar su conexión automática cuando están disponibles.

18. Configuración del protocolo TCP/IP: Permite configurar manualmente las propiedades del protocolo TCP/IP, como dirección IP estática o dinámica, servidor DNS, etc.

19. Administrador del centro de redes y recursos compartidos: Proporciona acceso rápido a diferentes funciones relacionadas con la conectividad y recursos compartidos en Windows 11.

20. Configuración del ancho de banda reservado: Permita limitar el ancho banda que se puede utilizar por ciertas aplicaciones o servicios.

¿Cómo puedo utilizar las herramientas integradas en Windows 11, como el Editor del Registro, el Administrador de tareas y el Panel de control, para realizar ajustes avanzados en el sistema y solucionar problemas comunes?

Para utilizar estas herramientas integradas en Windows 11 y realizar ajustes avanzados en el sistema, así como solucionar problemas comunes, sigue los siguientes pasos:

1. Editor del Registro:
- Presiona las teclas "Windows + R" para abrir la ventana de Ejecutar.
- Escribe "regedit" y presiona Enter para abrir el Editor del Registro.
- Aquí puedes realizar cambios en la configuración del sistema, como modificar valores de registro, eliminar claves o subclaves, entre otros.
- Antes de hacer cualquier cambio en el Registro, es recomendable hacer una copia de seguridad por si algo sale mal.

2. Administrador de tareas:
- Presiona las teclas "Ctrl + Shift + Esc" para abrir el Administrador de tareas.
- En esta herramienta puedes ver qué aplicaciones y procesos están consumiendo recursos del sistema, finalizar tareas que no responden, administrar servicios y más.
- También puedes acceder al Administrador de tareas haciendo clic derecho en la barra de tareas y seleccionando "Administrador de tareas".

3. Panel de control:
- Presiona las teclas "Windows + X" y selecciona "Panel de control" en el menú que aparece.

- En el Panel de control puedes realizar ajustes avanzados en diferentes aspectos del sistema, como configuración de dispositivos, redes e Internet, programas instalados, cuentas de usuario, entre otros.
- Aquí también puedes solucionar problemas comunes relacionados con la configuración del sistema.

Recuerda tener cuidado al realizar cambios en el sistema utilizando estas herramientas avanzadas, ya que un error podría causar problemas mayores. Si no estás seguro sobre cómo realizar un ajuste o solucionar un problema específico, es recomendable buscar información adicional o consultar a un profesional.

¿Cuál es la forma más segura de realizar copias de seguridad y restaurar mis datos en Windows 11, como la configuración de copias de seguridad automáticas en la nube o en unidades externas?

La forma más segura de realizar copias de seguridad y restaurar tus datos en Windows 11 es utilizando una combinación de copias de seguridad automáticas en la nube y en unidades externas. De esta manera, tus datos estarán protegidos tanto en caso de fallo del sistema como en caso de pérdida o robo del dispositivo.

Para configurar copias de seguridad automáticas en la nube, puedes utilizar servicios como OneDrive, Google Drive o Dropbox, que te permiten almacenar tus archivos de forma segura y acceder a ellos desde cualquier dispositivo con conexión a internet. Estos servicios suelen ofrecer planes de almacenamiento gratuito y de pago, por lo que puedes elegir el que mejor se adapte a tus necesidades.

Además, es recomendable realizar copias de seguridad periódicas en unidades externas, como discos duros externos o memorias USB. De esta manera, tendrás una copia adicional de tus datos que podrás utilizar en caso de emergencia.

Para configurar las copias de seguridad automáticas en Windows 11, puedes utilizar la función integrada "Historial de archivos", que te permite hacer copias de seguridad periódicas de tus archivos personales en una unidad externa. También puedes utilizar software especializado para realizar copias de seguridad completas del sistema y restaurarlos en caso necesario.

Podemos ver que la forma más segura de realizar copias de seguridad y restaurar tus datos en Windows 11 es utilizando una combinación de copias automáticas en la nube y en unidades externas. De esta manera, podrás proteger tus datos ante cualquier eventualidad y tener la tranquilidad de que siempre podrás recuperarlos.

¿Cómo puedo personalizar y optimizar el rendimiento de mi escritorio en Windows 11 mediante la configuración de fondos de pantalla dinámicos, widgets personalizados y organización de iconos?

Para personalizar y optimizar el rendimiento de tu escritorio en Windows 11, puedes seguir los siguientes pasos:

1. Fondos de pantalla dinámicos: Puedes configurar fondos de pantalla dinámicos en Windows 11 para que cambien automáticamente a lo largo del día. Para hacerlo, ve a Configuración > Personalización > Fondo y elige la opción "Presentación" en lugar de "Imagen". Desde allí, puedes seleccionar una carpeta con varias imágenes y configurar la frecuencia con la que quieres que cambien.

2. Widgets personalizados: Windows 11 incluye una función de widgets que te permite acceder rápidamente a información como noticias, clima, calendario y más. Puedes personalizar estos widgets agregando o eliminando los que prefieras. Para hacerlo, haz clic derecho en el escritorio y selecciona "Mostrar widgets". Desde allí, puedes arrastrar y soltar los widgets que desees en tu escritorio.

3. Organización de iconos: Para organizar tus iconos en el escritorio, puedes crear carpetas para agruparlos por categorías o temas. Simplemente arrastra un icono sobre otro para crear una carpeta y luego arrastra otros iconos dentro de esa carpeta. También puedes cambiar el tamaño de los iconos haciendo clic derecho en el escritorio, seleccionando "Ver" y ajustando la opción "Tamaño de los elementos".

Además de estos consejos, también puedes optimizar el rendimiento de tu escritorio en Windows 11 desactivando efectos visuales innecesarios, eliminando programas o archivos no utilizados y manteniendo tu sistema actualizado con las últimas actualizaciones de software. ¡Espero que estos consejos te ayuden a personalizar y optimizar tu escritorio en Windows 11!

¿Cuáles son las opciones de soporte técnico disponibles en Windows 11, como la consulta de la base de conocimientos en línea, el uso del Centro de comentarios y la comunicación con el servicio de atención al cliente de Microsoft?

En Windows 11, las opciones de soporte técnico disponibles incluyen:

1. Consulta de la base de conocimientos en línea: Puedes acceder a la base de conocimientos en línea de Microsoft para encontrar respuestas a preguntas comunes, solucionar problemas técnicos y obtener información sobre cómo utilizar las funciones y características de Windows 11.

2. Uso del Centro de comentarios: Puedes utilizar el Centro de comentarios integrado en Windows 11 para enviar comentarios, sugerencias y reportar problemas directamente a Microsoft. Esto te permite comunicarte con el equipo de desarrollo de Windows y contribuir a mejorar el sistema operativo.

3. Comunicación con el servicio de atención al cliente de Microsoft: Si necesitas ayuda personalizada o asistencia técnica adicional, puedes contactar al servicio de atención al cliente de Microsoft a través del chat en vivo, correo electrónico o teléfono. El equipo de soporte técnico está disponible para ayudarte con cualquier problema que puedas tener con Windows 11.

Estas opciones te permiten obtener ayuda y soporte técnico para resolver problemas y mejorar tu experiencia con Windows 11.

Diferencia Windows 11 Home vs Pro

1. Windows 11 Home es la versión básica de Windows 11, mientras que Windows 11 Pro es una versión más avanzada con características adicionales.

2. Windows 11 Pro incluye todas las características de Windows 11 Home, además de funciones adicionales diseñadas para usuarios empresariales y profesionales.

3. Windows 11 Pro ofrece mayores opciones de personalización y control sobre la configuración del sistema en comparación con Windows 11 Home.

4. Windows 11 Pro incluye la capacidad de unirse a un dominio de red, lo que es útil para entornos empresariales.

5. Windows 11 Pro permite cifrar archivos y unidades completas utilizando BitLocker, una característica de seguridad que no está disponible en Windows 11 Home.

6. Windows 11 Pro incluye la capacidad de utilizar Remote Desktop para acceder a su computadora desde cualquier lugar, una característica que no está disponible en Windows 11 Home.

7. Windows 11 Pro ofrece soporte para máquinas virtuales a través de Hyper-V, lo que permite a los usuarios ejecutar múltiples sistemas operativos en una sola computadora.

8. Windows 11 Pro incluye el modo empresa para ejecutar aplicaciones heredadas y compatibilidad con políticas de grupo para administrar configuraciones en redes empresariales.

9. Windows 11 Pro tiene la capacidad de pausar las actualizaciones durante un período específico, lo que puede ser útil para evitar interrupciones en momentos críticos.

10. Windows 11 Pro ofrece soporte técnico extendido y actualizaciones de seguridad adicionales en comparación con Windows 11 Home.

En resumen, mientras que ambas versiones comparten muchas características básicas, Windows 11 Pro está diseñado para usuarios empresariales y profesionales que necesitan funciones avanzadas y mayor control sobre su sistema operativo.

DESCUBRE ALGUNOS SECRETOS
TRUCOS Y FUNCIONES IMPRESCINDIBLES

1. **Menú inicio en Windows 11 y cómo cambiarlo**

En Windows 11, el menú de inicio ha sido rediseñado y ahora se encuentra en la parte central de la barra de tareas en la parte inferior de la pantalla.

Si esto te resulta raro o molesto, no te preocupes se puede arreglar:

1. Haz clic con el botón derecho en cualquier espacio vacío del menú de inicio.

2. Selecciona "Configuración" en el menú contextual que aparece.

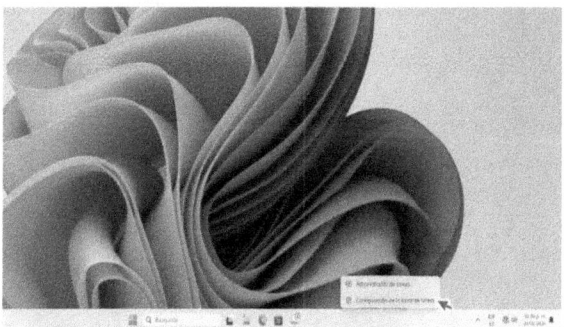

3. Pulsa en Personalización

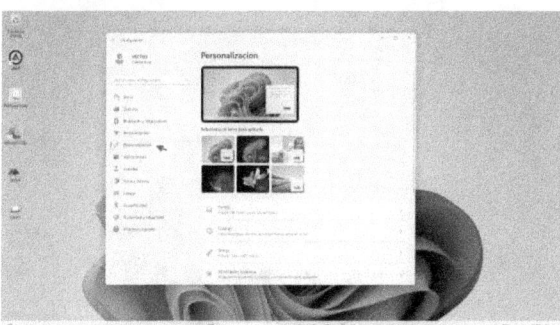

4. Barra de Tareas

5. Comportamiento de la barra de tareas

6. Alineación de la barra de tareas

7. Poner Izquierda

2. **Configurar la pantalla partida**

Para configurar la pantalla partida en Windows 11, sigue estos pasos:

1. Abre la aplicación que deseas tener en una de las pantallas divididas.

2. Haz clic en el ícono de maximizar en la esquina superior derecha de la ventana para expandir la aplicación a pantalla completa.

3. Mantén presionada la tecla Windows en tu teclado y presiona la flecha hacia arriba para anclar la ventana a un lado de la pantalla.

4. Verás que se abrirá un menú con otras aplicaciones abiertas en tu computadora. Selecciona la aplicación que deseas tener en la otra mitad de la pantalla.

5. La segunda aplicación se abrirá automáticamente en el otro lado de la pantalla, creando así una pantalla dividida.

6. Puedes ajustar el tamaño de cada ventana arrastrando el borde entre ellas hacia los lados.

¡Listo! Ahora tienes configurada una pantalla dividida en Windows 11 para trabajar con dos aplicaciones al mismo tiempo.

Imágenes de Ejemplo:

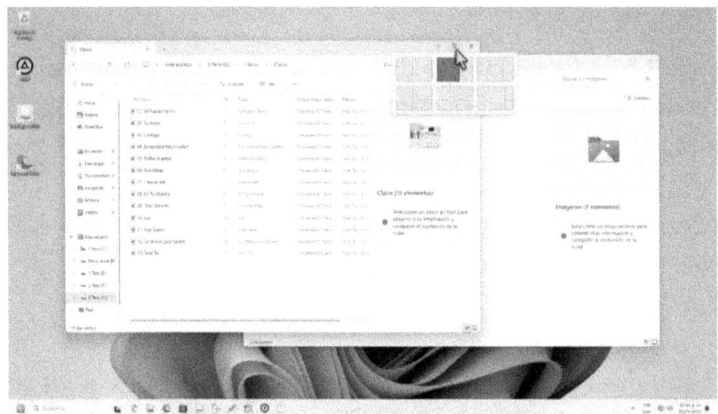

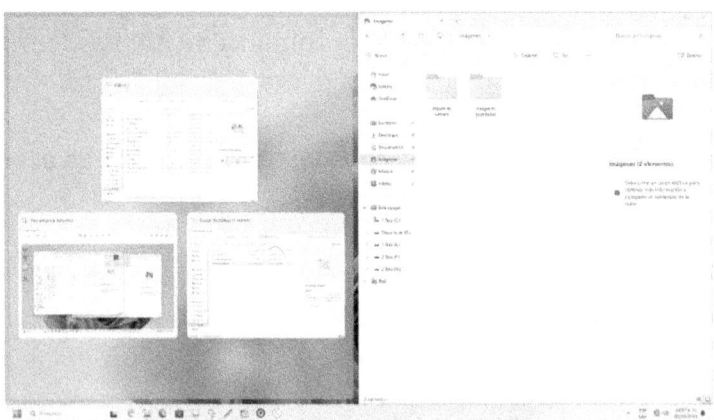

3. **Minimiza ventanas rápidamente**

Agitar las ventanas en Windows 11 es una función que permite minimizar todas las ventanas abiertas excepto la que se está agitando. Esta característica puede ser útil para enfocarse en una sola ventana o para limpiar el escritorio de forma rápida y sencilla. También puede ser útil para organizar y visualizar mejor las ventanas abiertas en el escritorio.

1. Haz clic en el botón de Inicio y selecciona "Configuración" (el icono de engranaje).

2. En la ventana Configuración, haz clic en "Sistema".

3. En el menú lateral izquierdo, selecciona "Multitarea".

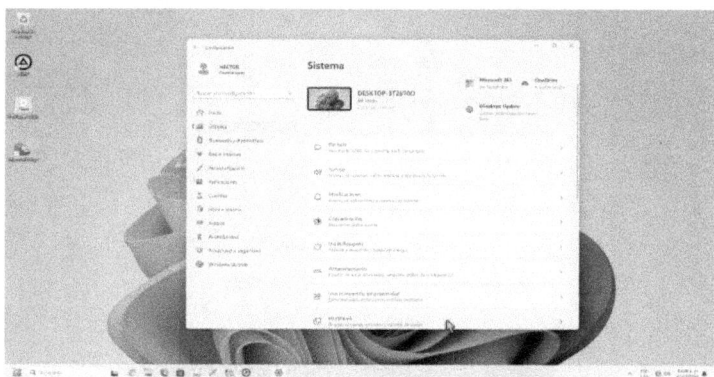

4. Busca la opción "Agitar ventanas para minimizarlas" y asegúrate de que esté activada.

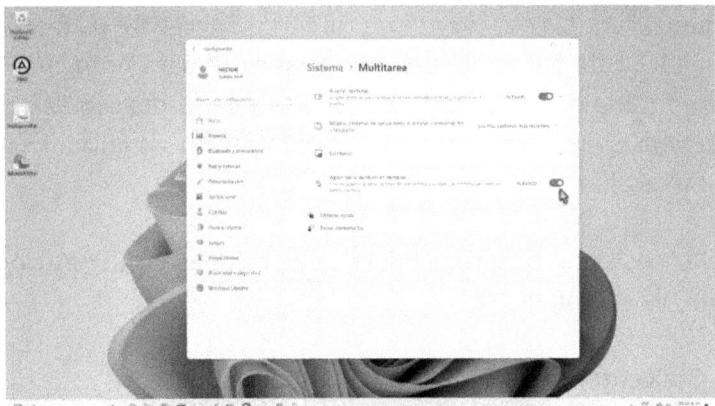

4. **Opciones click derecho**

En Windows 11 esta opción esta escondida, pero es fácil de encontrar ¿Cómo?

1. Haces clic derecho sobre un elemento, pulsas la opción "mostrar más opciones", que es la última que aparece en el menú contextual. Esto abrirá el menú que veníamos viendo en el resto de las versiones, con más opciones aún.

5. **Cambia la tasa de refresco**

Para cambiar la tasa de refresco en Windows 11, sigue estos pasos:

1. Haz clic derecho en el escritorio y selecciona "Configuración de pantalla".

2. En la ventana de configuración de pantalla, desplázate hacia abajo y haz clic en "Opciones avanzadas de pantalla".

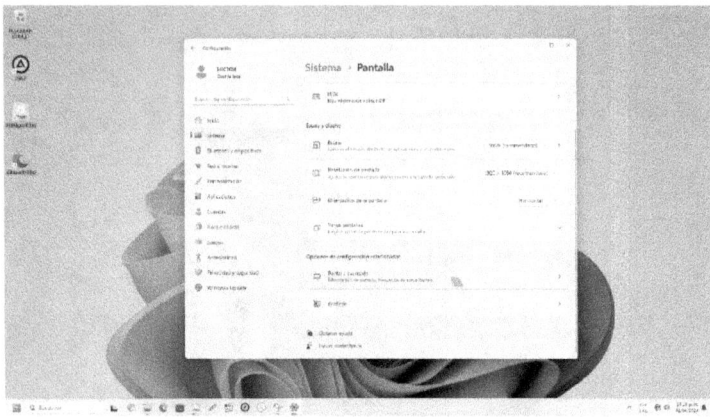

3. En la nueva ventana que se abre, busca la sección de "Tasa de actualización" y selecciona la tasa de refresco que desees utilizar.

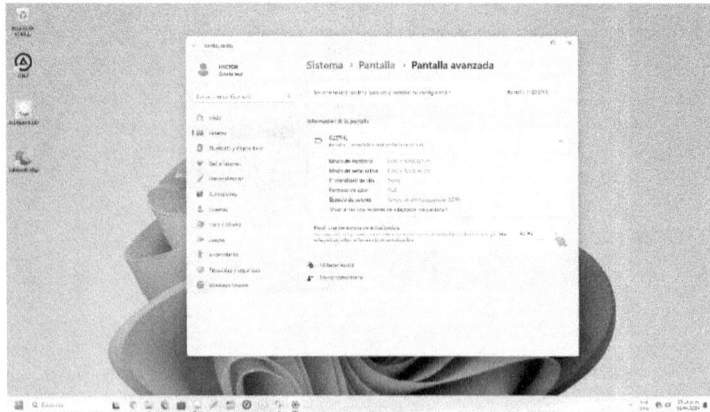

4. Haz clic en "Aplicar" para guardar los cambios.

6. Quita Notificaciones

Quitar notificaciones en Windows 11 puede ser útil para evitar distracciones mientras se trabaja o se realiza alguna tarea importante en el ordenador. Al desactivar las notificaciones, se evita que aparezcan ventanas emergentes que puedan interrumpir la concentración del usuario. Además, al reducir la cantidad de notificaciones que se reciben, se puede mejorar la productividad y el rendimiento en general. También puede ayudar a mantener la privacidad al evitar que ciertas aplicaciones envíen notificaciones con información personal o sensible.

Para desactivar las notificaciones en Windows 11, sigue estos pasos:

1. Haz clic en el icono de la campana en la barra de tareas para abrir el Centro de actividades.

2. En el Centro de actividades, haz clic en "Configuración rápida" en la parte inferior derecha.

3. Se abrirá una ventana con varias opciones de configuración rápida. Haz clic en "Notificaciones" para acceder a la configuración de notificaciones.

4. En la sección de Notificaciones, puedes desactivar las notificaciones globales o seleccionar aplicaciones específicas para desactivar las notificaciones.

5. También puedes ajustar la duración de las notificaciones, su sonido y otras opciones relacionadas con las notificaciones.

Una vez que hayas realizado los ajustes necesarios, puedes cerrar la ventana y tus cambios se guardarán automáticamente. De esta forma, habrás desactivado las notificaciones en Windows 11 según tus preferencias.

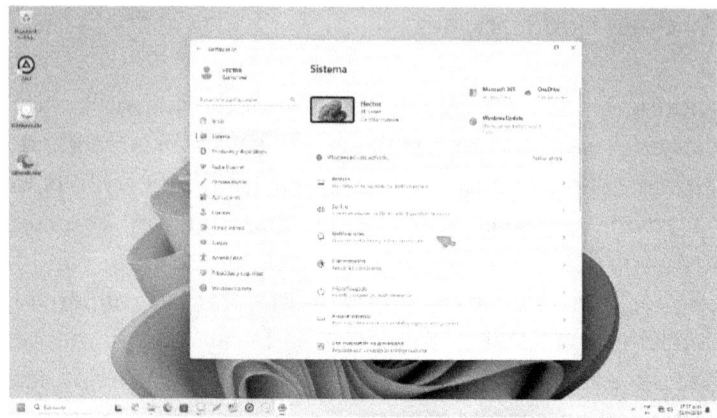

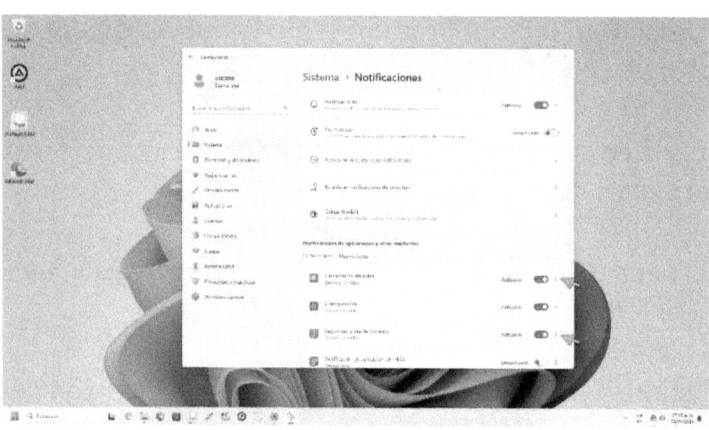

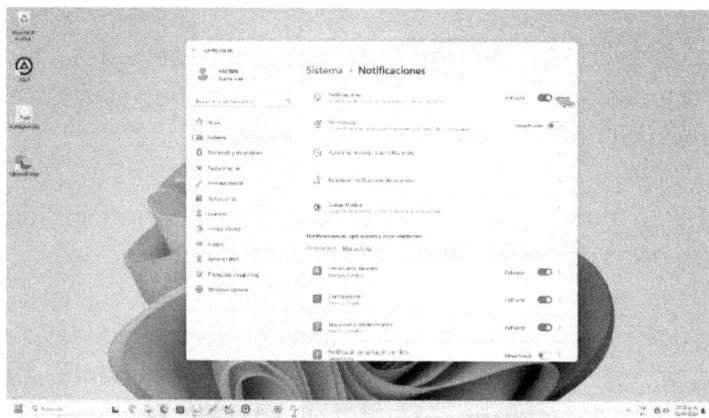

www.ingramcontent.com/pod-product-compliance
Lightning Source LLC
Chambersburg PA
CBHW070155230526
45471CB00002B/669